청계천 벼룩시장 황학동

Cheonggyecheon Flea Market, Hwanghakdong

청계천박물관
Cheonggyecheon Museum

전시를 만든 사람들

전시총괄
송인호

전시기획
박현욱 한은희 황경미

전시진행
박현민 박민아 나신균

전시진행 지원
박민선 김소혜 송지현 배성원 최정희

행정지원
강용운 김기택 김선희 김성재 이성호

유물출납
이현진 강성신 김동민

전시환경
신장하

사진자료
최인호

자료제공
박정신 최인호 한국정책방송원

유물촬영
K-ART 스튜디오 김광섭

현장촬영
최인호

인터뷰
정광길 송기화

전시설계·공사
에픽

전시연출
지키다 수

전시영상
공그라피

전시도록
가을기획

유물운송
한솔BBK

외국어 번역
한국동시통역연구소

일러두기

1. 이 책은 청계천박물관의 기획전시 '청계천 벼룩시장, 황학동'(2020.4.29-10.4)의 전시도록이다.
2. 수록된 사진과 설명은 서울역사박물관과 유물 대여기관의 자료를 토대로 작성하였다.
3. 도판제목은 작품명, 시대, 크기(세로×가로×높이, 단위cm), 소장처를 원칙으로 하였으며, 그 외 필요한 경우는 별도 표기하였다.
4. 서울역사박물관 소장유물은 소장처를 명기하지 않았다.
5. 이 도록에 수록된 내용의 무단 전재를 금하며, 영리 목적으로 사용할 경우 서울역사박물관의 사전허가를 받아야 한다.

차 례

05 인사말

08 동문 밖 마을, 두모방에서 황학동으로

10 한양과 서울로, 물산의 집산지

14 현대사 속 벼룩시장 발자취

28 벼룩시장, 벼룩 빼고 다 판다

30 외식창업의 메카, 중고 주방거리

36 서울의 밥은 황학동 양곡시장에서

42 알뜰하게 멋쟁이가 되는 법

54 생활사박물관의 원조, 황학동

70 황학동 예찬

76 추억의 보물창고

90 오늘날, 황학동 벼룩시장

94 나의 황학동 벼룩시장

인사말

개천이 오간수문을 지나 영도교에 이르면, 황학동 벼룩시장이 있습니다. 흥인지문과 광희문으로 이어지는 길목에 있는 황학동은 예로부터 왕십리와 뚝섬에서 재배한 채소를 거래하는 사람들로 제법 분주한 장터였습니다. 1960년대에 청계천이 복개되고 3·1 아파트가 들어서고, 그 뒷길을 따라서 군복과 시계, 카메라와 같은 일용품에서, 놋그릇과 무쇠 다리미와 같은 민속골동품에 이르기까지 중고물건을 사고파는 황학동 벼룩시장이 호황을 이루었습니다. 오래된 물건을 파는 '벼룩시장'이자 없는 것이 없는 '만물시장' 입니다. 시장골목을 걸으면서 고물에서 금맥을 캐듯 물건을 고르거나, 추억의 물건을 사고파는 사람을 구경하다 보면, 꼭 무엇을 사지 않더라도 지나간 시절과 잊고 있었던 감성을 담아올 수 있었습니다. 이제 청계고가도로가 철거되고 주상복합건물이 들어서니, 살아있는 생활사박물관과도 같던 황학동 벼룩시장의 활력은 흐릿한 과거가 되었습니다. 청계천박물관에서 기억 속의 사물과 풍경을 소환하여 '청계천 벼룩시장, 황학동'을 전시합니다.

2020년 4월

서울역사박물관장 송인호

Introduction

If you follow Cheonggyecheon stream, past *Ogansumun* floodgate toward *Yeongdogyo* bridge, you will find the Hwanghak-dong Flea Market. Located between *Heunginjimun* and *Gwanghuimun* gates, the Hwanghak dong neighborhood has always been a busy market for merchants buying and selling vegetables harvested in the nearby *Wangsimni* and *Ttukseom* areas. The neighborhood changed in the 1960s as Cheonggyecheon stream was covered to be turned into road and the Samil apartment was constructed nearby. The Hwanghak-dong Flea Market flourished with every items including military uniforms, watches, and cameras, as well as folk antiques including brassware and flat irons. It is a "flea market" selling old items and also a "everything market". Watching other people buying and selling memory, you reminisce about the past, even if you do not actually buy anything yourself. Today, the liveliness and energy of the Hwanghak-dong Flea Market – itself a museum of Seoul's city life – is a fading past as the neighborhood changed once again following the demolition of the Cheonggye expressway and the construction of high-rise buildings nearby. Cheonggyecheon museum presents the exhibition *Cheonggyecheon Flea Market, Hwanghak-dong* recalling items and scenery from our memories.

Director, Seoul Museum of History Song In-ho

세기상사
세기상사
각종
각종 시계
도산매
성심사 295-4943
232-620
사 295-4943
골동품
ANTIQUE
보국당
골동 서화
보국당

세운전자
청계낚시
새우깡

동문 밖 마을,

두모방에서
황학동으로

A Village Outside the East Gate
- From Dumo-bang to Hwanghak-dong

‘황학동’이라는 지명이 처음 등장한 것은 1943년 행정 구제區制가
실시된 시기의 신당정新堂町 황학정회黃鶴町會이다.
현재의 황학동 일대는 조선시대 중반까지 특정 행정구역에
속하지 않은 한양도성 박 동교東郊에 해당되었다.
조선 초기부터 성종대에 이르는 시기(1392-1495)에 사소문 중
동쪽 광희문 밖에서부터 왕심역往心驛(현재의 왕십리)까지는
금표禁標구역이라 하여 벌채와 경작, 거주와 방목 등이 금지되었다.
황학동은 조선 후기 상품경제의 발달 등 사회적 변화에 따라
점차 도성과 연결된 상업적 공간으로 변모해간다.

The name “Hwanghak” first appears in the administrative unit reform of 1943, implemented during the Japanese colonial period(1910-1945). At that time, the present-day Hwanghak-dong neighborhood was referred to as *Hwanghak-jeonghoe* within *Sindang-jeong*. During first two centuries of the Joseon period(1392-1910), this area was classified as part of Donggyo, a peripheral region outside the city wall to the east that did not belong to any administrative unit. From the beginning of Joseon dynasty until King Seongjong’s reign(1469-1495), logging, farming, grazing, or living in this region outside the city wall between *Gwanghuimun* gate and the *Wangsimyeok* area were strictly prohibited. In the late Joseon period as social changes including development of a commodity economy took place, the present-day Hwanghak-dong area gradually transformed into a commercial space connected to the capital city.

한양과 서울로,
물산의 집산지

황학동이 가진 시장으로서의 잠재력은 동대문과 광희문이 인접하고 배후에 왕십리와 뚝섬이 위치하는 절충적 공간이라는 점에서 알 수 있다. 황학동은 조선시대부터 왕십리와 뚝섬에서 수확한 채소들을 도성 안으로 공급하기 위해 모이던 곳이었다. 동대문 밖에서 도성 안으로 들어가는 각종 채소들을 비교적 값싸게 구할 수 있어 황학동 일대는 인파로 북적거렸다.

"To Hanyang, To Seoul" - A Logistics Hub

Hwanghak-dong is strategically located close to *Dongdaemun* and *Gwanghuimun* gates, with access to *Wangsimni* and *Ttukseom* Island. During the Joseon period, vegetables harvested in *Wangsimni* and *Ttukseom* were collected here before transporting them into the city.
A bustling market naturally developed for customers who wanted to buy vegetables at low prices before they were shipped into the city.

뚝섬에서 무를 씻는 사람
纛島 野菜商人
Green grocer of *Ttukseom* Island

1967년 | 홍순태

황학동 일대는 근대 이전부터 왕십리와 뚝섬에서 생산된 채소가 도성 안으로 들어가기 전 세척洗滌 등의 과정을 거치며 배출되는 쓰레기를 버리기 적당한 장소였다. 이곳에서 사람들은 도성 안으로 들어가기 전 저렴한 가격의 채소를 구매할 수 있었기 때문에 자연스럽게 난전亂廛이 형성되었을 것으로 보인다.

광희문 밖 공동묘지

光熙門 外 共同墓地

Cemetery Outside *Gwanghuimun* Gate

1900년 초 | 성 베네딕도 상트 오틸리엔 수도원 소장

광희문은 시구문屍軀門이라고도 불렸다.
성벽의 우측에는 신당리 공동묘지新堂理 共同墓地와
동묘 정전, 영도교永度橋가 보이며
동대문 밖의 전경을 잘 보여주고 있다.

대경성정도

大京城精圖

Map of Great Seoul (*Daegyeongseong jeongdo*)

1936년 | 54.2×78.7

지도가 제작된 1936년은 경성시가지 계획과
경성토지구획정리지구京城土地區劃整理地區가 발표된 시기로,
관할 구역이 확장되고 도시 계획이 확정되었다.
근대 도시로서 경성의 계획된 면모를 보여주는 자료로
부분도에는 상왕십리정上往十里町과 신당정新堂町만 표기되어
아직 황학동이라는 지명은 사용되지 않고 있었음을 알 수 있다.

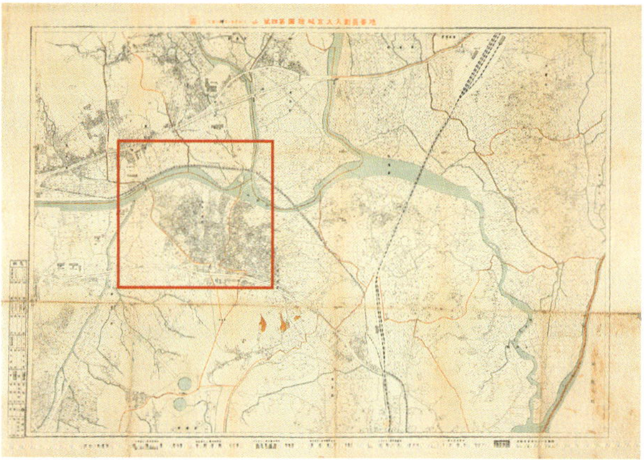

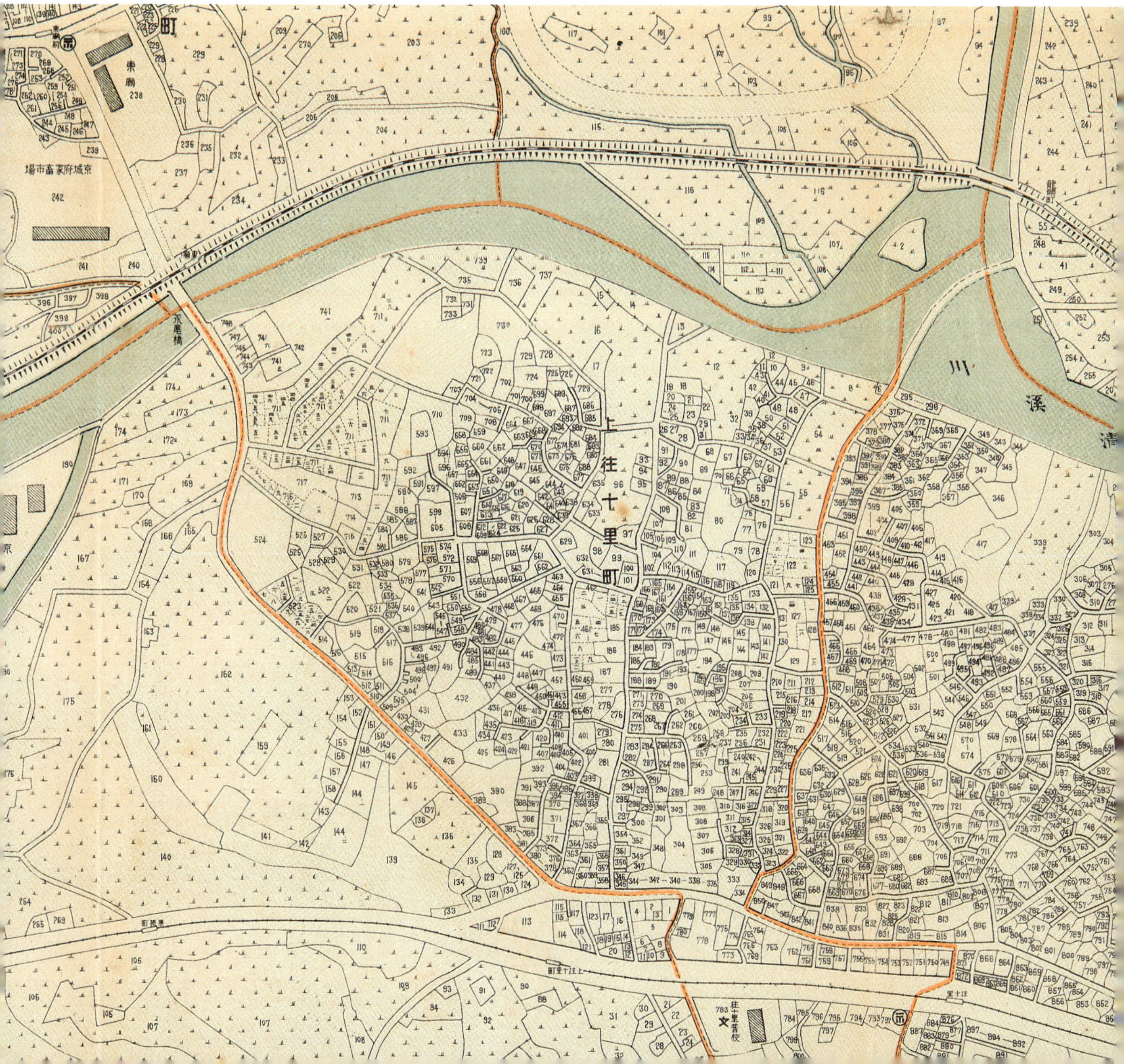

현대사 속 벼룩시장 발자취

한국전쟁 이후 서민들은 생계를 위해 전쟁으로 쏟아져 나온 군수품과 고물을 황학동에서 사고팔았다. 도심에서는 백화점과 종합시장이 발달하였고, 황학동은 서민들의 값싼 중고품에 대한 수요와 도심 주변 시장과 연계되어 유통의 마지막 통로로 자리 잡았다. 1970년대 골동품, 80년대 이후 중고품 등으로 주력물품이 바뀌면서 벼룩시장은 더욱 발전하게 되었다. 그리하여 사람들은 황학동하면 벼룩시장을 비롯한 각종 중고품의 유통을 떠올리게 되었다.

The Flea Market in Korea's Contemporary History

After the Korean war(1950-1953) ended, many people made a living by buying and selling military supplies and used items in Hwanghak-dong. As traditional markets and department stores prospered in the city center, Hwanghak-dong became the final chain in the distribution network – a market with connections to other markets near the city center to meet the ordinary people's demand for low-price used items. The flea market expanded as its primary goods changed from vintage goods in the 1970s to used items after the 1980s. So today, when people hear "Hwanghak-dong," they think about the flea market and a broad range of used items for sale.

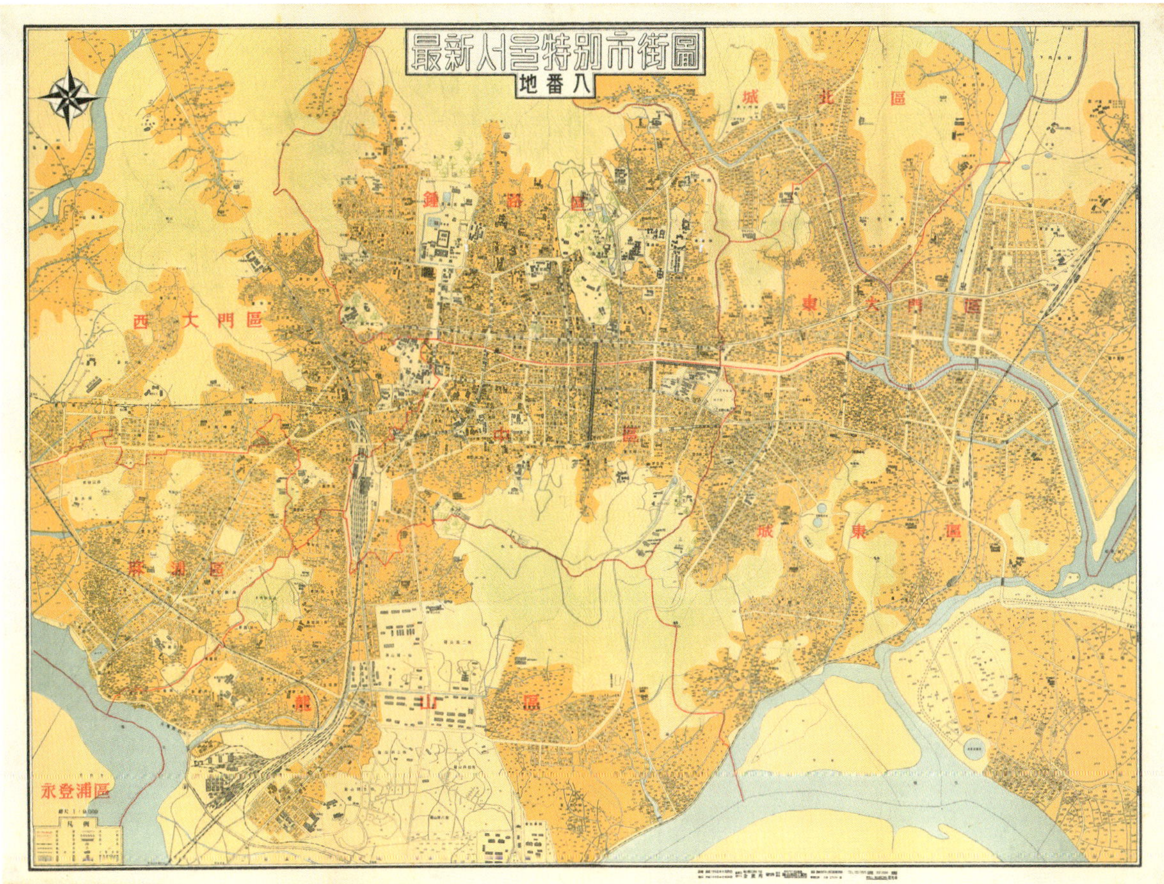

최신서울특별시가도지번입

最新서울特別市街圖地番入

Latest Street Map of Seoul with Street Numbers

1968년 | 78.5×108.6

1966년에 청계천 복개공사가 완료되어
상왕십리 전까지 복개되어 있는 모습을 볼 수 있고,
신당동과 상왕십리 지역의 일부가 합쳐져
황학동이 되었음을 확인할 수 있다.
원래 주거지였던 상왕십리와는 달리
신당동 지역은 이전에 비해 도로가 직선화되어
도시계획에 따라 변화된 모습이 보인다.

황학동 도로포장 기공식

黃鶴洞 道路鋪裝 起工式

Groundbreaking Ceremony for Hwanghak-dong Road Pavement

1963년

서울중앙시장 중앙통의 도로포장 기공식 사진이다.
지금은 도로와 양옆의 점포 위로 캐노피가 씌워져 실내시장이 되었다.

판자촌 생활
板子村生活
Life of Shantytown
1970년대 | 노무라 모토유키

폐휴지를 벽지로 만드는 사람들
廢休紙壁紙
Making a Wastepaper to Wallpaper
1970년대 | 노무라 모토유키

고물상
古物商
Junk Shop
1960년대 | 한영수

노천 고물상 겸 철물점
露天 古物商
Junk Shop
1968년 | 노무라 모토유키

한국전쟁 이후 황학동 청계천변에는
판잣집 거주민을 중심으로
고물상이라는 새로운 업종이 발생했다.
전쟁으로 가족과 생계를 잃은 사람들은
각종 고물을 모아 팔기 시작했다.
고물은 노점과 점포에서 모두 판매되었으며,
전국 각지의 사람들이 물건을 구하기 위해
황학동으로 몰리면서 벼룩시장이 시작되었다.

80년대 한국 풍경 사진

ST-318
AM/FM 스테레오 라디오 카세트레코더
SONY
WALKMAN
SONY
Kodak
Ektralite 10
CAMERA OUTFIT
Kodacolor II
110
전당표 삽니다
KYUSHIN

80년대 한국 풍경 사진
80年代 韓國 風景 寫眞
1980s Korean Landscape Photo

1982년 | 프랑소와즈 위기에

청계천변 황학동 3·1아파트 13-24동을 중심으로
노점과 점포들이 성행했다.
3·1아파트 1, 2층에는 점포가 자리 잡았으며
건물 앞 도로에는 노점들이 이중으로 놓여있었다.

오늘의 한국 1986년 7월호
雜誌冊
Korea Today(July 1986)
1986년 | 34×26

황학동 벼룩시장에서 어떤 물품이
어떻게 거래되는지 소개하고 있다.

풍물삼천리 / 황학동 중고품시장

잡다한 고물속 생활의 지혜가 숨쉬는 곳

골동품
골동품
ANTIQUE
보국당
시계
각종 시계
285-4943
보국당
BO KOOK DANG
세운전자
삼일전자
새우깡

거래되며, 음성다중방송까지 수신되는 최신형 칼라 텔레비젼은 시중값의 절반이면 살 수 있다.

6·25이후 물밀듯 밀려들어온 플라스틱에 밀려 한가닥 엿과 바뀌어져 이곳으로 밀려 들어온 놋주발, 놋요강들…이것들이 온갖 고물을 종합적으로 취급하는 서울의 유일하고 가장 큰 고물시장을 만들었다.

1970년대만 해도 이곳은 80여 개에 달하는 고미술상들이 밀집해있어 「골동의 거리」, 「거리의 박물관」이란 꽤 고상한 이름을 지녔던 영화로운 시절이 있었다.

그러나 1983년 6월 대부분의 고미술상들이 장안평으로 집단이주해 버리고, 이젠 10여 곳만이 남아 희미해져버린 옛 명성의 앙금을 지키고 있다.

비록 골동품상들이 있던 자리엔 전자제품 수리점들이 들어섰지만 지금도 이곳은 다른 어느 곳 보다 싼값에 골동품이나 민속품을 구할 수 있는 곳으로 알려져 그런대로 손님의 발길이 끊이지 않는 편이다.

집 한채 값이나 한다는 비싼 골동품들 보다는 몇천원에서 1～2 만원하는 전통생활용구들이 주로 거래되는데, 시골 농가의 소여물통이 3만원에 팔려가 부잣집 거실에서 화초가 심겨지는 호강도 한다.

오후 3시쯤 되면 이곳은 새로운 풍경이 펼쳐진다. 서울시내 골목 골목을 누비며 온갖 고물들을 모아온 리어카상들이 이곳 벼룩 시장으로 모여들기 때문이다.

이들 리어카상들은 쓸만한 고물들을 이곳 상인들에게 넘겨주기도 하고, 혹은 직접 팔기도 한다.

일제 「쏘니 (Sony)」녹음기가 2천 5백원에 팔렸고, 요즘 유행하는 「산요 (Sanyo)」 소형 녹음기는 5천원에 주인을 찾아 갔다.

68

람들이 우리네 가난한 이웃들만은

등을 연도별로 수집하는 귀한(?)
느 찾아오고, 웬만한 부속상에서는
ㅏ제품 부속을 사러온 사람들의
다.
살아 숨쉬게 하는 사람들은 손 때
기한 물건을 보는 재미로 나온

것이 없던 구경꾼들도 이것 저것
그 허접쓰레기 같은 고물들
을 찾아내는가 하면 일단은 값이
가지씀 사가는 것이다.
도 요즘들어 앓음앓음 앓는
. 국가적인 큰 행사를 앞두고
두 없앨지도 모른다」는 염려
도시재개발이라는 거창한

ㅓ만큼 비껴간 '헌것'들이지만
팬 '새것'만큼 고운 모습과
-므로 황학동 사람들은 틈만
장을 수리한다.

-비며 고물들을 모아온
후 3시쯤 되면 세상사 온갖
이 시장으로 모여든다.

래 돼보여야 더 비싼 값을
학동의 골동품들. 이곳에서
은 일반 골동품상보다 좀 더
다.

형편이 닿는 건물주인들은 근사한
세세를 최고 70~1백퍼센트까지
지저분하고 온갖 허접쓰레기가
보이는 이 시장의 진짜 멋을

런 사정을 덮어두고 황학동
도 '헌것'을 챙겨 '새것인 내것'
범한 이웃들의 지혜로 반짝이고,

부장 글 / 金恩慶기자〉

벼룩시장,

벼룩 빼고
다 판다

The Flea Market,

Selling Everything but Fleas

벼룩시장은 중고품시장의 대명사로서
황학동은 개미시장, 도깨비시장, 만물시장, 고물시장,
마지막시장으로도 불리었다.
청계천복원사업 이전인 2000년대 초반까지 이곳은
발 디딜 틈이 없을 정도로 많은 사람들과
그보다 훨씬 많은 중고품들이 첩첩이 쌓여 있었다.
청계천 복개 후, 흩어졌던 판자촌 사람들이 다시 돌아오고
3·1아파트가 들어서면서 황학동 일대는 벼룩시장의 중심지가 되었다.
특히 1980년대 이후 3·1아파트 16동 뒷길은
벼룩시장이 호황을 이루어 황금 골목이라 불리었다.

The flea market in Hwanghak-dong became Seoul's most well-known market for used goods, and garnered nicknames including the Ant (*Gaemi*) market, Korean goblin (*Dokkaebi*) market, Everything (*Manmul*) market, Junk (*Gomul*) market, and also the Final (*Majimak*) market. Before the Cheonggyecheon restoration project began in the early 2000s, the flea market attracted huge crowds and used goods were piled up even higher. The Hwanghak-dong neighborhood became the center of the flea market after Cheonggyecheon stream was covered in the late 1960s, as the residents who lived in shanty town in the area before the construction returned to the neighborhood.
In particular, the flea market in the alley behind building 16 of the Samil Apartment Complex became so popular in the 1980s that the alley was nicknamed the Golden Alley.

외식창업의 메카,
중고 주방거리

황학동에 중고 주방거리가 자리 잡게 된 배경으로는 1980년대 아시안게임과 올림픽을 개최하며 소개된 서구식 식문화와 외식산업의 보편화를 들 수 있다. 사람들은 전통적인 식기에서 벗어나 유리나 플라스틱으로 된 각종 서구식 주방기구들을 사용하게 되었다. 한편 1979년 황학동 중앙에 개통된 마장로는 황학동을 중앙시장과 벼룩시장으로 경계로 나누었다. 마장로를 중심으로 현재 중고 주방거리는 형성되어 있으며, 인근으로 확대되고 있다. 황학동 상인들은 폐업한 식당의 그릇부터 각종 주방설비를 매입하고, 다시 창업하는 소비자들에게 팔고 있다.

The Go-to Place for Opening Restaurants, the "Kitchen Equipment Alley"

So-called the "Kitchen equipment alley" emerged as Korea's eating habits westernized and the restaurant industry expanded following the 1986 Asian games and the 1988 Olympics. More people began to serve and enjoy food in western tableware made of glass and plastic. The alley is located just north of *Majang-ro* road, the main road running through Hwanghak-dong in the east-west direction. This road was constructed in 1979 and bisects Hwanghak-dong into the flea market area in the north and *the Jungang market* area in the south. The merchants of Hwanghak-dong buy various kitchen equipment from closing restaurants then sell them to customers who are opening new restaurants.

차 주전자와 커피잔 세트
茶酒煎子·盞
Teapot and Tea Cups

1960년대
주전자 | 13.5×16.5
잔 | 11×7.2×5.4

차 주전자는 스테인리스로 제작되었으며 차를 거를 수 있는 망이 내장되어 있다. 잔은 일본의 도자기 생산업체 산고Sango사社의 커피잔(ROYALE 3590)이다. 1960년대부터 다방 문화가 유행하고 인스턴트커피가 국내에서 생산되면서 커피는 대중화되었다.

그릇세트
琉璃器 一括·沙鉢 一括
Glass Plates and Bowls

1960-1970년대
유리병 4.7×7.9×18.3
국그릇 13.9

유리그릇 세트는 음각으로 장식된 붉은색 유리 병, 그릇, 접시로 구성되어 있다. 사기그릇 세트는 밥그릇과 국그릇으로 구성되어 있고 별도로 뚜껑이 있는 밥그릇도 있다.

크리스털 접시와 화채 그릇
琉璃器
Crystal Plates and Bowls

1980-1990년대
화채 그릇 12.8×4.7
유리접시 11.1×14×2.7
접시 받침대 25.3×30.3

1980년대 식생활이 점차 서구화되면서
주방에도 서구화된 그릇들이 등장하게 되었는데,
대표적인 것이 크리스털 그릇이다.
크리스털 제품은 양주병이나 컵, 그릇,
장식품들이 주를 이루었다.

황학동 곱창골목

황학동의 먹거리는 곱창이라고 할 정도로 현재도 곱창골목이 곳곳에 형성되어 있다. 황학동은 해방 직후부터 채소, 생선 등 각종 농수산물 좌판들이 모여 있었고 특히 김장철 김장시장으로 사람들이 넘쳐났던 곳이다. 게다가 서울중앙시장에서 저렴한 식재료의 공급이 가능했던 점도 황학동에 곱창이 대표적인 먹거리로 자리 잡을 수 있었던 배경이다. 하지만 2010년 이후 진행된 왕십리뉴타운 개발로 인접한 곱창골목은 축소되었다.

Hwanghak-dong's Tripe Alley

Hwanghak-dong is well-known for tripe with many so-called "Tripe Alleys." The Hwanghak-dong market has always attracted people buying vegetables, fish, and other agricultural products. In particular, its gimjang (preparation of kimchi in early winter for the next year) market drew huge crowds buying cabbages and other ingredients. Another reason tripe became popular in the area is the *Seoul Jungang market,* where ingredients could be secured quickly and at low prices. Today, the "Tripe Alleys" are losing business after *Wangsimni* new town construction began in 2010.

황학동 곱창 골목
黃鶴洞小腸街
Hwanghak-dong's Tripe Alley
2000년대

현대자동차
미옥이네 곱창
왕십리곱창
연탄불곱창
찾아라 맛있는 TV에 방영
포장해드립니다

설비
국제냉동설비
남주방

서울의 밥은
황학동 양곡시장에서

현재 신당역에 위치한 서울중앙시장은 해방 이후부터 1980년대 초까지 양곡시장으로도 번영을 누렸다. 1960년대에는 서울중앙시장 안에 120여 개 점포가 쌀을 판매하였으며, 서울에서 소비되는 쌀의 70%가 서울중앙시장에서 공급되었을 정도였다. 도심이 확장되고 소득이 높아지면서 서울중앙시장의 양곡시장도 큰 변화를 겪게 된다. 낙후된 시장 환경이 도시 미관을 해치고, 양곡을 유통하던 대형차량이 교통혼잡을 유발한다는 문제가 제기되었다. 그리하여 양곡점포의 대부분이 서울 외곽으로 옮겨갔고, 지금은 몇몇만이 남아 그 명맥을 유지하고 있다.

Seoul's Rice from the Hwanghak-dong Grain Market

After Korea became independent from Japanese colonial rule in 1945, the Hwanghak-dong grain market also prospered until the 1980s, when it was renamed *Seoul Jungang market*. Located next to present-day *Sindang station*, there were more than 120 rice stores in the *Seoul Jungang Market* by the 1960s, supplying 70% of all rice consumed in Seoul. But as the city limits expanded and people's income increased in the 1970s, the grain market also experienced significant changes. The grain market was named as the culprit, housed in a deteriorating built environment with a negative impact on urban scenery while causing traffic problems with its large vehicles transporting grains. Many stores relocated to Seoul's periphery, and only a few remain today and maintain the market's reputation.

남대문시장 양곡판매소
南大門市場 糧穀販賣所
Grain shop in *Namdaemun* market
1953년 | 임인식

1950년대 남대문시장
양곡 점포 일대의 모습이다.

양곡가게
糧穀市場
Grain Shop

1970~1980년대 | 노무라 모토유키

성동상회 등 점포와 그 앞으로 놓인 노점에서
양곡, 마늘을 팔고 있는 시장풍경이다.

양곡가게
糧穀市場
Grain Shop

1970-1980년대 | 노무라 모토유키

간판에 쓰여진 '양곡매매등록번호'를 통해
정부의 허가를 받아 양곡가게를
운영하였던 것을 알 수 있다.

양곡판매업소 간판과 판매 장부
糧穀販賣業所 看板·米穀商 販賣帳
Sign and Sales Book of Grain shop

간판 | 1970년대 | 60×41×4
장부 | 1983년 | 29.7×22×3

1970-80년대 양곡 판매업소에서 사용하던 간판과 쌀 상회의 판매 장부다. 1993년 양곡 매매업이 신고제로 바뀌기 전 쌀은 정부의 허가를 받은 업체에서만 판매 할 수 있었다. 쌀가게의 장부를 통해 1980년대 초 쌀 상품上品 기준 16kg가 14,000원이었던 당시 곡물 판매 시세를 알 수 있다.

곡식 측량기 및 가격표
穀食 測量器·價格表
Grain Weigher and Price Tag

1900년대
측량기 | 6.7×6.7×4.8 - 43.2×37.5×11.5
가격표 | 45.4×35.2×3.2

곡식을 측량할 때 사용했던 용기이다. 가운데에 손잡이가 달려있는 사다리꼴 모양의 도구는 가마니에서 한 말을 잴 때 사용했다.

한일쌀통

米桶

Han-Il Rice Bin

1980-1990년대 | 38.8×47×107.8

가정에서 사용하던 쌀통으로 쌀을 넣은 후
아래에 있는 숫자 버튼을 누르면 원하는
인분人分 수 만큼 쌀이 아래로 나오게 되어있다.

알뜰하게
멋쟁이가 되는 법

한국전쟁을 거치며 청계천변에는 군복을 수선하거나 염색하여 판매하는 상권이 동대문과 인근을 중심으로 형성되었다. 황학동 벼룩시장에서 다루는 의류들은 가까운 동대문시장과 긴밀히 연결되면서도 중고품이므로 주변 상권에 흡수되지 않을 수 있었다. 현재도 벼룩시장 일대에는 속옷부터 양말, 양복 정장과 군복까지 남녀노소가 모두 입을 수 있는 사계절 패션을 무더기로 쌓아 놓은 점포와 노점들이 즐비하다. 전국에서 중고 의류를 모아 오는 사람이 있고, 물건을 모아 벼룩시장 상인에게 보내주는 중간상인이 있다. 황학동 상인들은 이것들을 다시 선별하여 도매나 소매로 판매한다.

Discovering "My Style" in the Flea Market

Even though the Hwanghak-dong Flea Market is located near *Dongdaemun market*, it was able to survive because it sold secondhand apparel. There are numerous stores and street stalls selling socks and underwear, suits, military uniforms, and other fashion items for men and women, young and old. Agents collect secondhand apparel from across the country, which is then shipped to merchants in the flea market by dealers. Finally, the apparel is categorized and sold either wholesale or retail.

염직 후 건조
染織 後 乾燥
Drying After Dyeing
1968년 | 홍순태

스카프를 파는 소년
裱商人
Boy Selling Scarfs
1960년대 | 한영수

스카프를 파는 여인들
裱商人
Women Selling Scarfs
1960년대 | 한영수

빨간색 내복
女性用 赤色 內服
Undershirts
1960년대 이후 | 58.8×51.5

'엑스란' 이라는 합성섬유로 제조된
여성용 빨간색 내복 상의이다.
빨간 내복을 입으면 무병장수한다는
속설이 있어 선물용으로 인기를 끌었다.

군용 내복
軍用 內服
Military Innerwear
1978년 | 92.3×48.3

카키색의 남자용 군용 내복의 하의이다.
아크릴로 된 편물로, 허리를 끈으로
조절할 수 있게 되어있다.

교련복
敎鍊服
Uniform of High School Drill
1970-1990년대
상의 | 75.2×54.5×56.7
하의 | 103×76

고등학교 과목이었던
교련 수업을 할 때 입었던 옷이다.
남학생은 군사 교육, 여학생은
응급처치와 간호법을 배웠다.
1948년에 시작된 뒤 중단과 재개를 반복하다
1993년에 안전 교육 위주로 개편되었다.

나팔바지
喇叭把持
Bell-Bottoms
1971년 | 91×36.5

1970년대에 유행했던 나팔바지이다.

스타킹 및 양말

洋襪

Stockings and Socks

스타킹 | 1977년 이후 | 20.5×11.3×0.8
양말 | 1970-1990년대 | 18×8.8×2.3

'국제양말 KJC'와 'TRY'에서 생산된 여성용 양말,
'백양 BYC'에서 생산된 남성용 양말과
삼천리·낭청·대영·대일·동일·백양에서 생산된 어린이 양말이다.

위 | **아동화**
兒童靴
Child Shoes
1950년 이후
21×8.6×5.9-3.2×5.8×4

아래 | **구두**
短靴
Shoes
1950년 이후
22×7×8.5

선글라스와 여행가방
色眼鏡·旅行袋
Sunglasses and Suitcase

선글라스 | 1950년 이후 | 14.3×5.4×12.6
여행가방 | 1969-1970년 | 15.5×48.3×42.3

건축가 박학재가 착용했던 선글라스와 선글라스 케이스이다. 케이스의 문구를 통해 동대문구 용두 2동에 있는 서독안경원의 제품인 것을 알 수 있다. 여행가방은 기내에 반입할 수 있는 사이즈이다.

모자
帽子
Hat

1960-1970년대 | 28.8×25.3

소학생 책가방과 가방

革鞄

Backpack and Bag

소학생 책가방 | 1945년 이후 | 20×26×10.5
가방 | 1950년대 | 40.3×28.5×8.7

어린이용 란도셀 가방과 성인용 서류가방이다.

넥타이핀·커프스 장식

Tie Tacks and Cuffs Ornaments

1985년
넥타이핀 | 5.4×1.7×14.4
커프스 | 1.6×1.2×2.4

넥타이와 셔츠를 고정하는 넥타이핀과
소매 단추를 장식하는 데 사용되는 커프스 장식이다.

손목시계
時計
Watch

1980-1990년대
세이코 | 22.5×3.1 | 라도 | 12.4×3.9 | 뽀뽀뽀 | 2.4×18.3

세이코SEIKO와 라도RADO에서 만든 남성용 손목시계와 MBC에서 방영했던 '뽀뽀뽀'의 캐릭터가 그려진 시계다. 뽀뽀뽀 시계는 종래의 태엽 대신 수정 진동자로 작동되며, 디지털식 숫자로 표기되었다.

생활사박물관의 원조,
황학동

우리는 세대별로 다른 서울의 모습을 추억하며 살고 있다. 삶의 흔적과 과거의 모습을 기억할 수 있는 거리와 물건들이 빠른 속도로 변화, 대체되어 왔기 때문이다. 1970년대 황학동 벼룩시장은 새마을 운동과 함께 가정의 골동품들이 쏟아져 나와 각종 물품의 시기별 변화를 한눈에 알 수 있는 현장 박물관이었다. 1980년대 초 아시안게임과 올림픽을 앞두고 골동품 점포들은 현재 동대문구 장안동 일대로 대거 옮겨갔다.

Hwanghak-dong, the Original Museum of Seoul's City Life

While we all live in Seoul today, each generation reminisces about a different experience of Seoul. The Hwanghak-dong Flea Market was the place where vintage items from homes could be found after the New Village (*Saemaul*) Movement began in the 1970s and these items were thrown out across the country. In the early 1980s prior to the 1986 Asian Games and the 1988 Olympics, most vintage shops relocated to *Jangan-dong* neighborhood in *Dongdaemun-gu* District.

반닫이
臥櫃
Chest
1900년대 | 47.6×97.5×89

전면의 위쪽 서랍은 자물쇠가 달려있어
작은 귀중품들을 넣을 수 있게 하였다.

호족반
虎足盤
Naju Tray-Table
조선 | 30.8×21.3

전라남도 나주에서 생산된 소반으로
음식을 먹을 때 사용하는 평좌식 식탁이다.

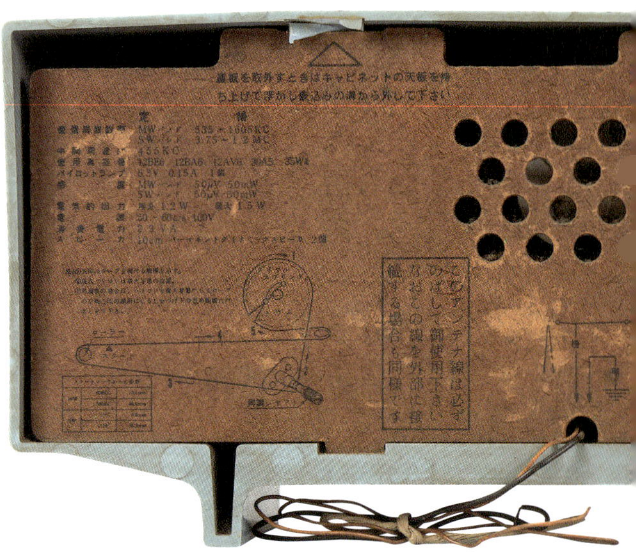

진공관 라디오
眞空管 放送受信機
Vacuum Tube Radio

1961년 | 13×42.9×16.2

진공관은 약한 신호를 크게 증폭시키는 역할을 한다. 라디오 속의 진공관은 음성 신호를 증폭시켜 스피커로 출력할 수 있게 되어 많은 사람이 동시에 방송을 듣는 것이 가능해졌다.

금성사 라디오 홍보 달력
弘報月曆
Calendar

1963년

금성사는 LG의 전신前身으로
1960년대 국내 최초의
트랜지스터 라디오를 제조했다.

트랜지스터 라디오
放送受信機
Transistor Radio

1965년 | 18.8×33.8×11.5

금성사에서 제작한 국내 최초의 트랜지스터 라디오다.
트랜지스터가 진공관을 대체하면서 라디오 수신기가
경량화되었으며, 배터리를 사용할 수 있게 되어
휴대가 편리해졌기 때문에 미디어 산업의 큰 변화를 일으켰다.
우리나라의 FM라디오는 1965년 서울 FM방송국이
개국하면서 사용되었다.

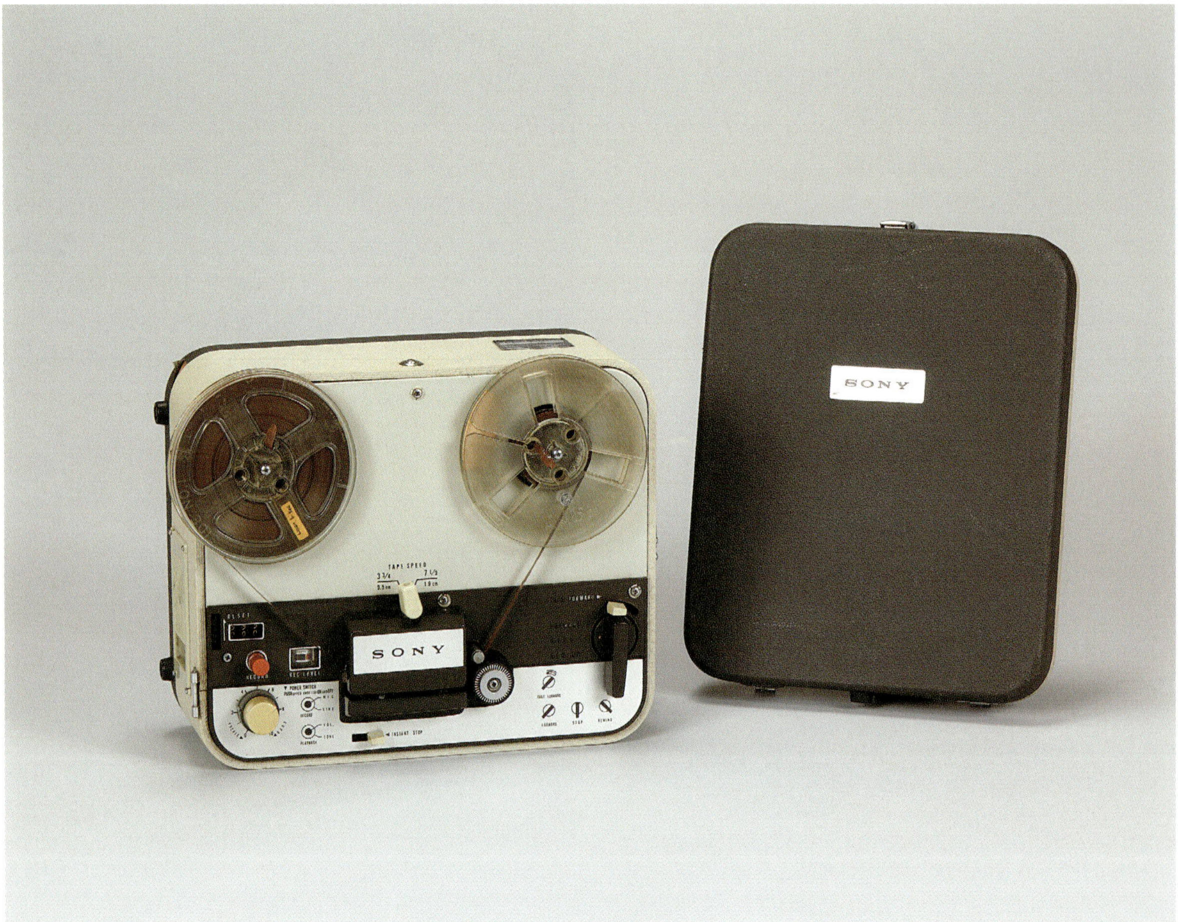

진공관 릴테이프 녹음기
眞空管 錄音器
Vacuum Tube Tape Recorder
1964년 | 33×23×16

소니SONY에서 나온 진공관이
3개 들어있는 녹음기(TC-102A)이다.
재생과 뒤로 감기, 빨리 감기 기능이 있고
좌측에 녹음할 수 있도록
마이크를 꽂는 부분이 있다.

레코드 플레이어
電蓄
Record Player with Radio
1970년대 | 71×38×109

내셔널National사의 라디오 수신과
레코드판 재생이 가능한
전축 라디오(SE-62AG)다.
상부의 뚜껑을 열어 레코드를 재생하였다.
1960년대에 크게 유행했다.

카세트 데크

音響機器

Stereo Cassette Deck

JVC | 1972년 | 9.7×37.7×26
AKAI | 1974년 | 15×41.9×25.8

JVC(CD-1667-2)와 AKAI(GXC-510D)에서 제작한 카세트 데크이다.
데크 장치는 출력장치가 따로 내장되어 있지 않아 상단부에 스피커와 같은 장치를 별도로 연결해야 한다.

위 | **레코드 플레이어**
電蓄
Record Player
1993년 | 25.5×11×45

인켈INKEL에서 제작한
스테레오 레코드 플레이어(PS-93300)이다.

아래 | **휴대용 라디오 텔레비전**
携帶用 音響機器
LCD Cassette Radio
1988년 | 18×45×18

대우에서 제작한 라디오 TV 겸용
복합기기(AV-330)이다.

라디오 및 카세트 플레이어

放送受信機·音響機器

Radio and Cassette phyer

1. 산요 카세트 플레이어(WC2000) | 1987년 | 12×47×15
2. 금성사 카세트 플레이어(CD-650) | 1991년 | 19.7×69.5×21.5
3. 산요 카세트 녹음기(MW7117) | 1987년 | 9.5×40.2×12.5
4. 내셔널 카세트 플레이어(RX-F11) | 1987년 | 10.2×44.6×10.2
5. 금성사 라디오(RKD-314) | 1987년 | 16.5×6.8×26.5

카세트테이프가 개발된 이후 사람들은 라디오 겸용 카세트 플레이어를 이용해 원하는 음악을 녹음해서 듣기 시작했다. 뒷면에 건전지를 넣어서 사용할 수 있게 되면서 외부에서도 사용이 가능해졌다.

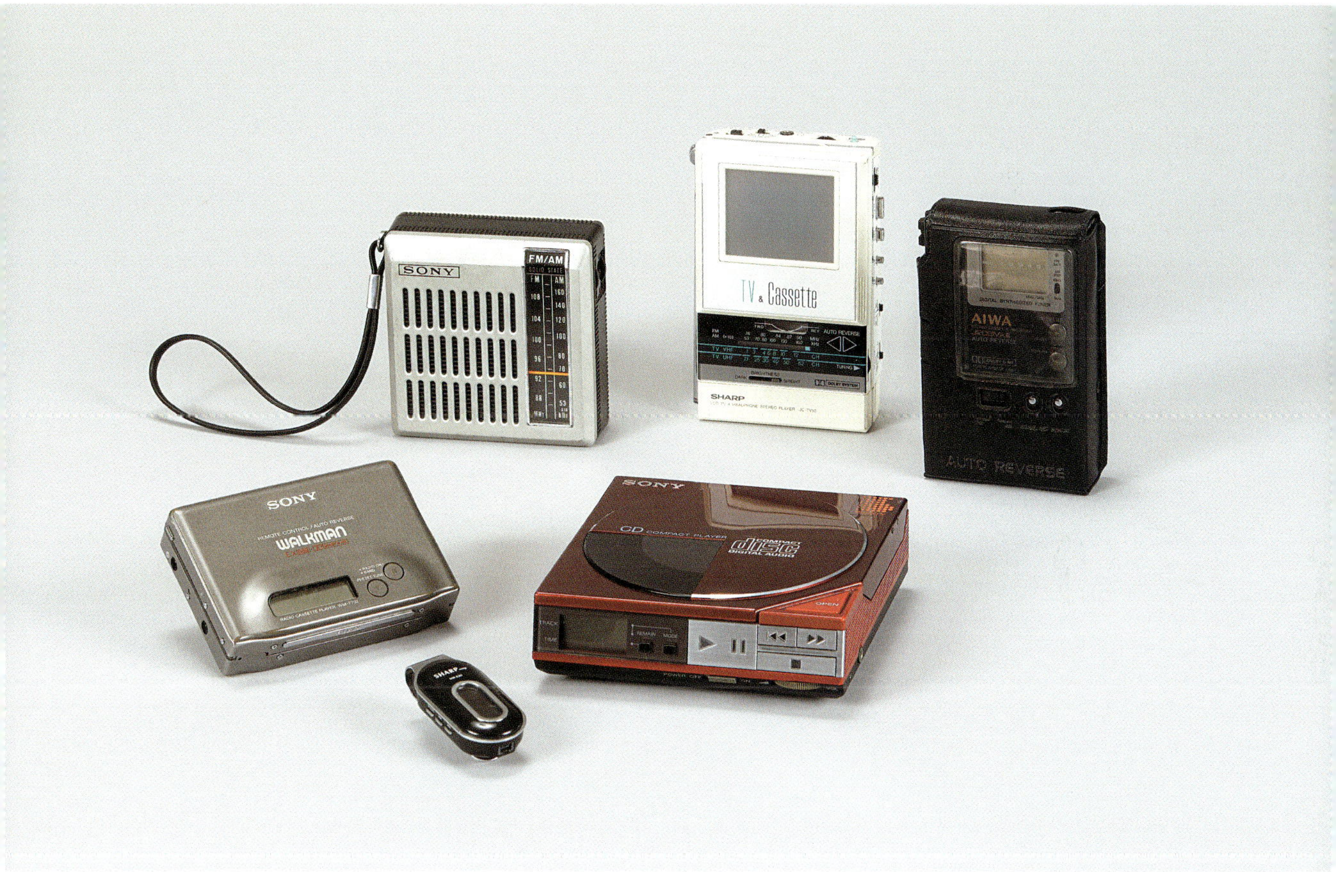

휴대용 음향기기
携帶用 音響機器
Walkman, CD Player and MP3 Player

샤프 MP3 플레이어(NW-E90) | 2000년대 | 6.1×2.9×1.8
소니 워크맨(WM-F702) | 1988년 | 7×10.5×2.6
소니 CD 플레이어(CDP-D50) | 1984년 | 13.3×12.7×4
소니 휴대용 라디오(TFM-3700W) | 1975년 | 4.4×9.5×9.5
샤프 카세트 라디오(JC-TV10) | 1987년 | 12.8×8.1×3.6
아이와 카세트 라디오(HS-J202MkⅢ) | 1980년대 후반 | 12.4×8.×2.3

1980년대 소니SONY에서 휴대용 카세트 플레이어인 '워크맨Walkman'이 생산되어 사람들은 다니면서 이어폰을 이용해 자신이 원하는 음악을 감상할 수 있게 되었다. 카세트테이프 이후 1982년 CD가 등장했다. 더 나은 음질과 내구성으로CD는 음반시장의 새로운 체계를 열었다. 2000년대에는 MP3가 보급되어, 기존 음원의 용량을 줄여 작은 기기에 저장하게 되었다.

뜻밖에 보물찾기

누구나 어린 시절 한 번쯤은 혹은 평생의 취미로 자신만의 관심거리에 몰입해 본 경험이 있을 것이다. 지극히 개인적인 취향과 흥미부터 다양한 취미를 충족하기 위해서 많은 사람들이 황학동 벼룩시장을 찾았다. 황학동을 구경하는 경험은 보물찾기나 다름없었다.

People's Various Interests

We all have experiences of discovering a new interest that either became our childhood hobby or a lifelong passion. Many people also visit the Hwanghak-dong Flea Market to satisfy their personal interests. Looking around the market here can be compared to treasure hunting, away from busy daily routine.

딱지
玩具
Plaything(*Ttakji*)
1970-1980년대 | 26×38

종이딱지로 당시 유행하는 만화영화의 캐릭터들이 삽입되어 있다.
딱지를 입으로 불거나, 손바닥 치기로 넘기거나,
안에 있는 별의 개수, 글자 수의 많고 적음으로 승자를 정하는 게임 등이 있었다.

게임팩
娛樂機
Game Pak
1990년대 | 17.7×12.7

게임기에 꽂아서 사용하는
게임팩으로 1970년대에 유행하던
업소용 아케이드 게임기(전자오락기)를
가정에서도 즐길 수 있게 되었다.

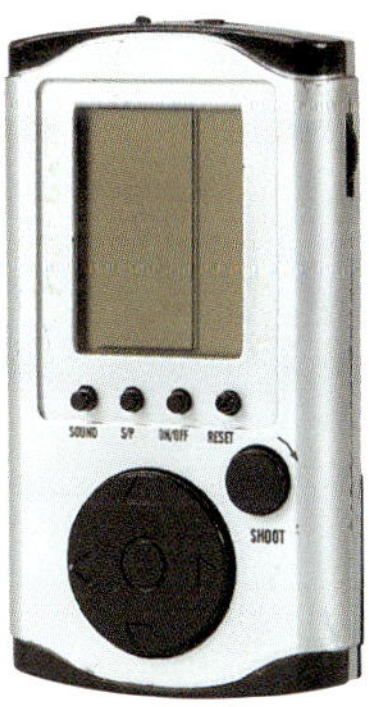

소형게임기
小形 娛樂機
handheld game console
1980-1990년대 | 10×5.6×2

8비트 흑백 화면 게임기이다.

세고비아 기타
樂器
Guitar
1970-1980년대
107×42×12

올림픽 기념 우표 모음집
郵票集
Stamp Frame

1988년 | 52×42.5×2

제24회 서울올림픽 수송운용요원
참가 기념 올림픽 기념우표이다.
액자 속에는 입장권과 각 종목별 우표가 부착되어 있고,
하단에는 올림픽 종목을 그림으로 그려 놓았다.

우표 수집책
郵票集
Stamp book
1940-1960년대 | 19.5×13.5×2.3

해방 이후부터 1960년대까지의
우표들이 수집된 우표 수집책이다.
안에는 크리스마스씰Christmas Seal과
정부 수립 제10주년 기념우표,
경제 개발 5개년 계획 우표 등이 수록되어 있다.

우표 가죽 지갑
郵票紙匣
Stamp Wallet
1900년대 후반 | 5.8×14

상평통보
常平通寶
Coins(Sangpyeong Tongbo)

조선 후기 | 3×0.1

가운데 사각형의 구멍이 뚫려있다.
한쪽 면에는 상평통보常平通寶라고 적혀 있고,
다른 면에는 '평이平二', '평삼平三',
'금이禁二'라고 적혀있는데,
평은 평안감영平安監營,
금은 금위영禁衛營에서 제작된 것을 의미한다.

주화
鑄貨
Coins

일 전 동화 | 1905-1909년 | 지름 2.8
십 전 은화 | 1910년 | 지름 1.8

모두 일본 오사카조폐국에서 제조되었다.
일 전의 앞면에는 이화장과 오얏나무, 무궁화 가지가
도안으로 사용되었으며 뒷면에는 봉황문이 들어가 있다.
십 전은 대한 융희大韓 隆熙 4년四年(1910)이라고 적혀 있다.
앞면은 일 전과 같은 도안이 들어가 있으며
뒷면에는 용을 새겨 넣었다.

지화 및 십 전
紙貨·鑄貨十錢
Paper Money and Coins

1944년
오 원 | 7.8×13.2 | 십 원 | 8.0×14.2 | 십 전 지름 | 1.9

조선은행에서 발행한 십 원과 오 원 지폐이다.
앞면에는 수노인壽老人상이 그려져 있으며
뒷면에는 현재 한국은행 화폐박물관인
조선은행 본점 건물이 있다.
가운데 구멍이 뚫려있는 주화는
쇼와昭和 19년(1944)에 제작된 십 전으로
한 면에는 꽃무늬, 구름, 나뭇잎 모양과
십 전이라고 적혀 있다.

지화 및 주화
紙貨·鑄貨
Paper Money and Coins

백 원·오백 원 | 1962-1969년 | 6.6×15.5
백 환 | 1955년 | 6.6×15.5
십 환 | 1959-1961년 | 지름 1.9

독립문과 숭례문이 들어간 지폐이다.
1962년 정부의 제3차 긴급통화조치를 통해
변경된 화폐로 1969년까지 사용되었다.
앞면 왼쪽에 이승만 대통령 초상 도안이 있고,
뒷면 가운데에는 독립문 도안이 있으며
1955년에 발행해 사용되다가
1962년에 사용이 중지되었다.
한국은행에서 발행한 십 환 주화는
미국 필라델피아 제조창에서 제조되었으며
화폐 개혁 이후에도 일 원 동전으로 사용되었다.

버스 토큰
大衆交通票
Tokens

1997-1999년 | 지름 1.8

시내에서 사용되던 버스 토큰이다.

황학동 예찬

In Praise of Hwanghak-dong

일반적인 벼룩시장은 대부분 주말이나
특별한 행사를 계기로 열리지만 황학동은 상설시장이다.
과거부터 현재까지 전국 중고품 유통의 중심지로
이곳 상인들은 허름하고 고장난 물건들을
수선하여 상품의 가치를 높여왔다.
즉 수십년간 축적된 기술을 바탕으로 분야별 전문가들이 된 것이다.
골동품의 가치를 판단하는 안목, 시계나 카메라 등 제품을
수리하는 기술 등 수없이 많은 노하우들이
황학동 벼룩시장에 그들의 시간과 함께 축적되어 있다.

Flea markets usually open only during weekends or special events, but the Hwanghak-dong Flea Market is open every day. It has become a central hub of the used item distribution network, as its merchants repaired broken items and made their products more valuable in the past decades. In other words, they became experts in various products as they accumulated know-how over the years. The discerning eye to appraise a vintage item's value, the technical expertise to repair items such as watches and cameras – this is the kind of know-how that has been accumulated over time and is now part of the Hwanghak-dong Flea Market.

황학동 벼룩시장 스케치

2003년 이전

서울비디오총판
대성통신공사

레코드
난로 선풍기
18V 보쉬!
BOSCH
청계에어컨
OK 전자
곡성당
예스 전자
제일 비디오
흥덕악기

주정차허용시간
24:00-05:00
50m
60
주정차허용시간
24:00-05:00
50m
당 동
장안전자 장안레코드
돌 레코드
연월 전자
태광종합전자
로얄낚시
추억소리
청대 문전자
아름당
영성
장안레코드

황학동 벼룩시장 스케치

2003년 이전

추억의 보물창고

마음만 먹으면 로켓도 구할 수 있을 거라는 상인의 말이 허풍스럽지 않게 들리는 곳, 황학동 벼룩시장을 한마디로 설명한 말이다. 그만큼 황학동 벼룩시장에는 추억으로 채워진 물건이 가득하고, 그것들은 우리의 향수를 불러일으킨다.

"아쉬워요, 황학동의 물건들을 보면 생각이 나요.
그냥 가지고 있을걸. 추억 같은 거를 좀 가지고 있을걸..."

A Treasure Trove of Memories

It does not sound too outlandish when a merchant argues that you can probably find a rocket here if you try in the Hwanghak-dong Flea Market. This kind of sensibility succinctly describes the Hwanghak-dong Flea Market. It is a place full of items filled with memories, and we reminisce about the past.

"It is sad. Looking at items in Hwanghak-dong reminds me of the past.
I should have kept them. I should have held onto those memories..."

황학동
黃鶴洞
Hwanghak-dong
2002년 | 이복녀

노부부
老夫婦
Man and Wife
2003년 | 김영균

전기곤로
電機焜爐
Electric Stove
1973년경 | 21.2×21.2×11.2

가스레인지가 보급되기 전에 사용된 곤로로
미국 제조사 Capital Products Co., Inc.의 제품이다.

전자레인지
電子調理機器
Microwave
1987년 | 39.3×53.2×34.4

삼성전자에서 제작한
전자레인지(RE-630TCW)이다.

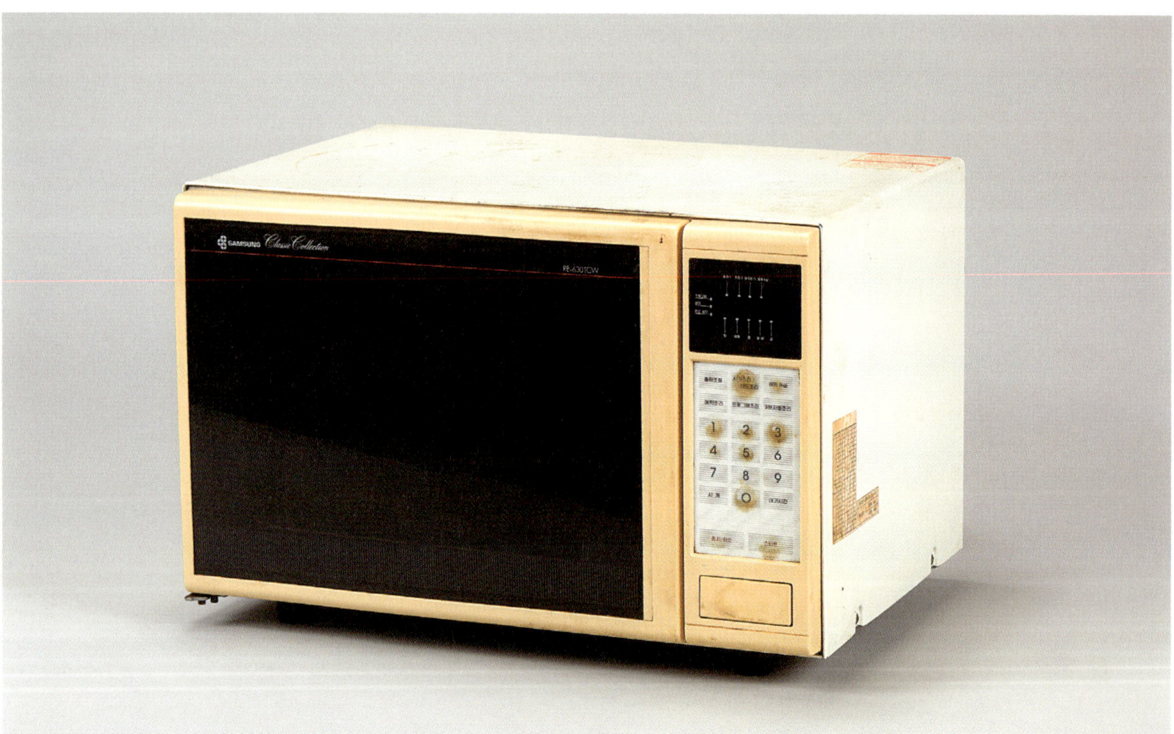

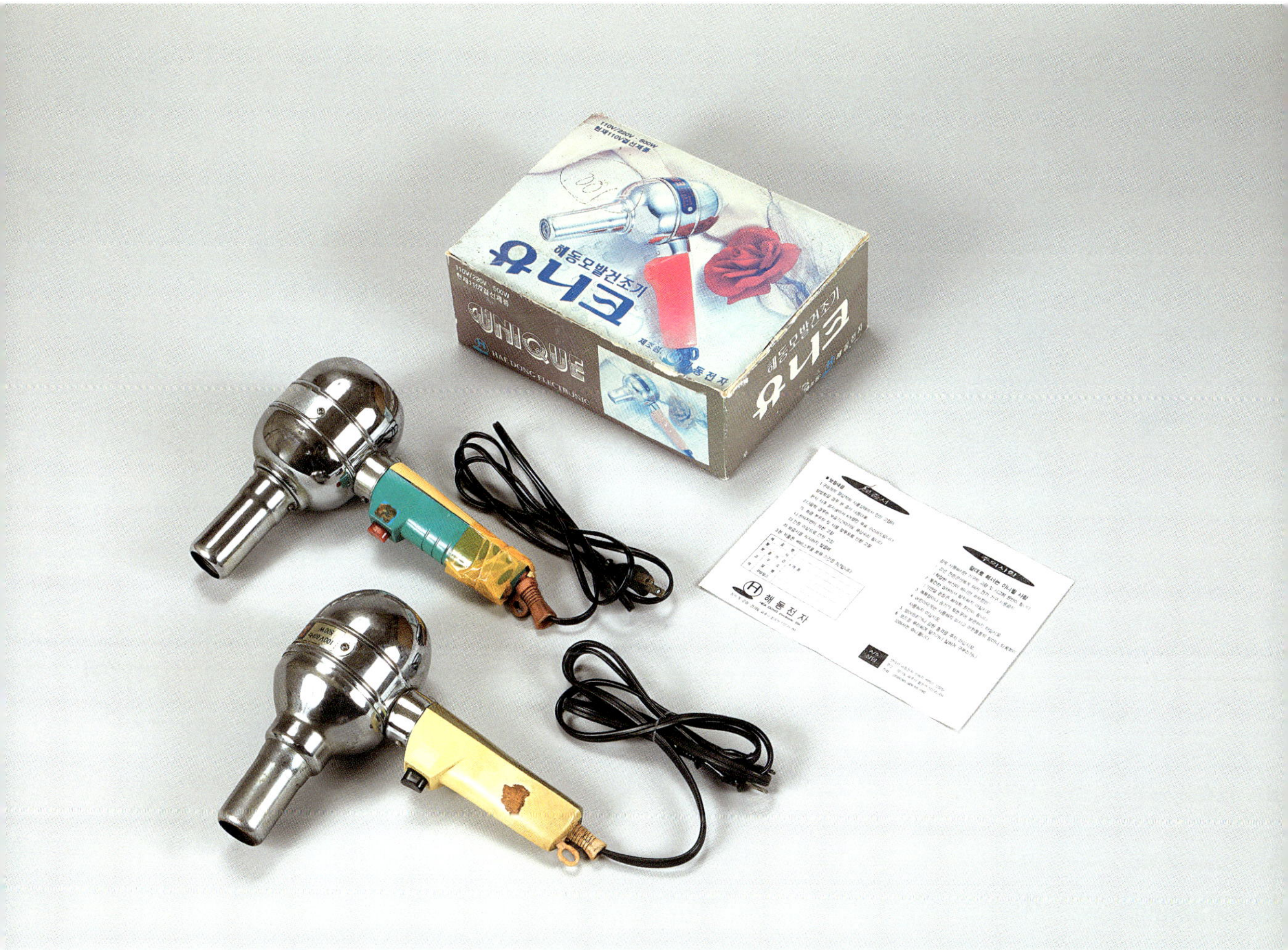

모발건조기
毛髮乾燥機
Hair Dryer

1988년 | 8.5×22×148

해동전자에서 생산한 모발건조기 및
제품 보증서, 제품 상자이다.
모발건조기의 제품명은 '유니크(UNIQUE)'로
몸체와 손잡이, 전원 공급 코드로 구성되어 있다.

위 | **전자 타자기**
電子打字機
Electron Typewriter
1988년 이후 | 38.5×45×21.3

삼성전자에서 제작한 전자 타자기(TQ-120)이다. 수동으로 캐리지Carriage를 밀어서 넘길 필요 없이 자동으로 넘어가는 기능이 추가되었다.

아래 | **전자식 금전등록기**
電子式 金錢登錄器
Electronic Cash Register
1990년대 | 42×32.4×29

삼성전자에서 제작한 전자식 금전등록기(ER-808)다. 바코드 판독 장치를 갖춰 한 번에 다양한 정보를 찾을 수 있어 이전의 기계식 금전등록기에 비해 더 빠른 전산처리를 할 수 있게 되었다.

위 | **컴퓨터**
Computer
1988년
모니터 | 36.4×38.7×30
키보드 | 24.6×41.2×7.4

대우전자에서 제작한 컴퓨터(IQ2000 퍼스컴)다.
당시 최초로 한글·한자 기능을 갖췄다.

아래 | **무전기**
無電機
Two-way Radio
1986년
무전기 | 29.7×4×6.5
충전기 | 11.2×12.5×8.6

맥슨에서 제작한 무전기로
주로 산업용 무전기를 생산했다.

위 | **다이얼 전화기**
電話機
Telephone
1962년 이후 | 22.5×22×12

검은색 다이얼 전화기는 왕십리에 위치했던
음식점 대중옥에서 사용하던 전화기이다.
우측은 금성에서 제작한 다이얼 전화기이다.
다이얼의 숫자 구멍에 손가락을 넣고 걸림쇠가 있는 곳까지
돌렸다가 놓아 전화를 거는 방식으로 작동했다.
버튼식 전화기가 등장하면서 점차 사라졌다.

아래 | **전화기**
電話機
Telephone
유선전화기 | 1997년 | 7×19×6.4
전자식전화기 | 1986년 | 14×20.5×5.4

버튼식 전화기로 송수화기, 누름단추식 다이얼,
전선 등으로 이루어져 있다.

공중전화
公衆電話
Public Telephone
1981년 | 26.5×22×20

동양정밀공업주식회사(OPC)에서 제작한 702A형 시내용 공중전화기이다. 1966년부터 '간이공중전화제도'를 시행하여 일반회선에 접속이 가능하게 되면서 일반 가게나 영업점에서 수신 및 발신이 가능하게 되었다.

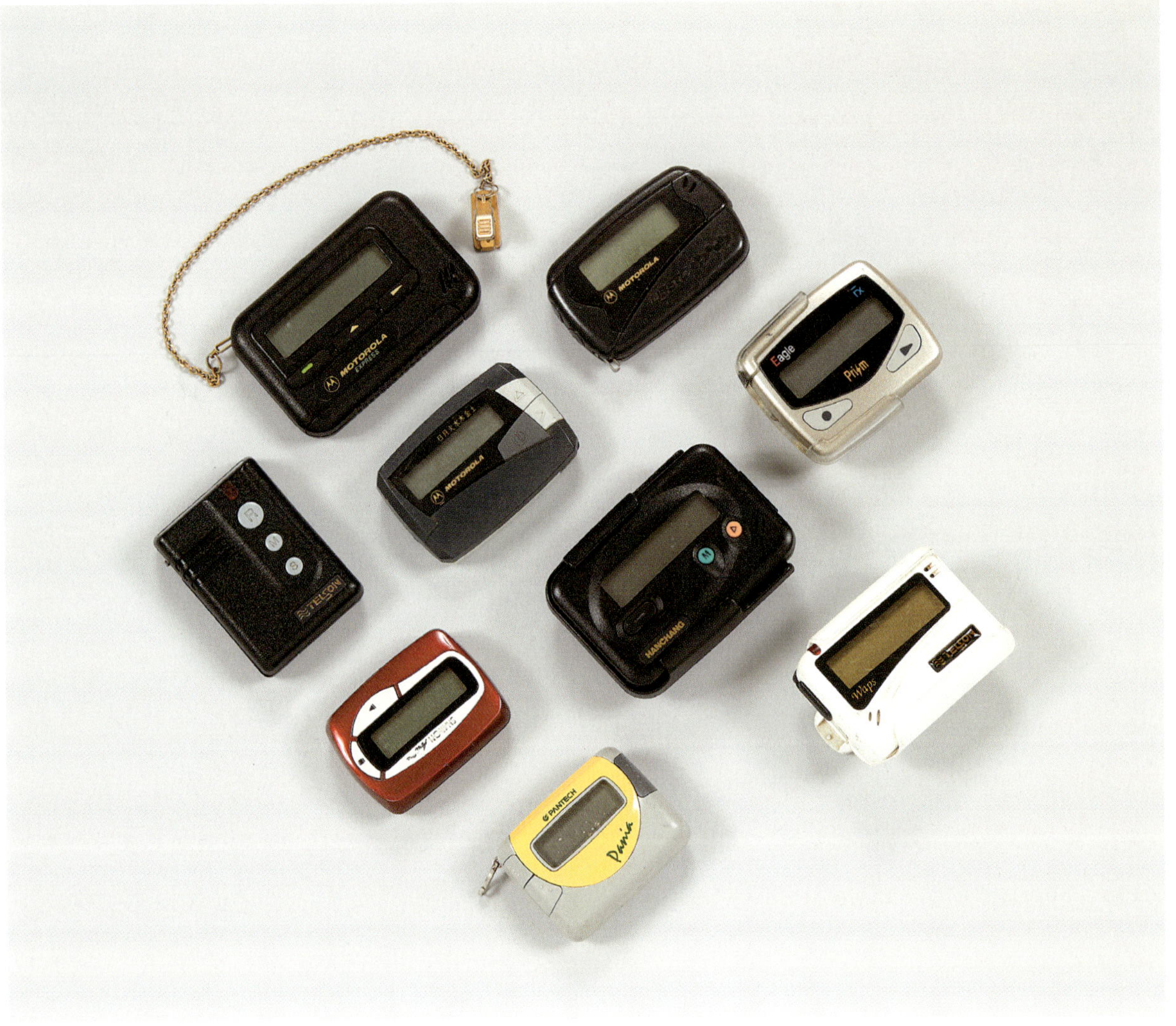

무선호출기(삐삐)
無線呼出機
Beeper
1990년대 | 6×4×1.5 등

모토로라MOTOROLA와 알에프테크RFTECH, 텔슨TELSON전자,
팬텍Pantech 등에서 제작된 무선호출기이다.
1982년 국내 무선호출 서비스가 시작되면서 등장해 1990년대 대중화되었다.
하지만 휴대전화의 보급과 대중화로 인해 무선호출기는 점차 사라져 갔다.

시티폰
携帶電話
Phone

1990년대 | 17×5×2.8 - 12×4.5×2.2

시티폰은 발신만 가능했던 전화기로 기지국이
설치된 공중전화 근처에서만 사용할 수 있었다.
수신전용이었던 삐삐와 함께 1990년대에 사용되었다.

휴대폰
携帶電話
Cell Phone

1990-2000년대 | 10.5×4.2×1.8 - 18×4.9×3.1

1983년 모토로라에서 최초의 상용 전화기를 출시한 후,
우리나라는 1984년 한국이동통신(지금의 SK텔레콤)이
카폰 서비스를 개시하면서 이동통신 시대가 시작되었다.
본격적인 휴대전화 서비스는 1988년부터 시작되었으며
1991년에는 이동통신 가입자가 100만 명이 넘어가며 대중화되었다.
사람들은 휴대폰에 스티커로 장식하거나 케이스로 개성을 나타내었다.

LG
CDMA
KOLON
by Sony
SEND
END
CLR
POWER
SPEED 011
EVRC
LG
Anycall
SAMSUNG
Anycall
PCS
EVRC
SAMSUNG
SAMSUNG
Anycall DIGITAL
SEND
CLR
END
MENU
PWR
STO
RCL
SAVE
Anycall
2.0

건전지
乾電池
Battery
1983-1997년 | 개인소장
6.3×9.8×8.9

주류
酒類
Liquor
1980-2000년 | 개인소장
6×20.8-19.5×9.5×14.1

카스, 하이트, 크라운 맥주와 캡틴큐Captain Q, 소주이다.
카스와 하이트 맥주를 제외하고 단종된 제품들이다.

카메라
寫眞機
Camera

1976-1999년 | 개인소장
3.9×11.6×7.3 - 6.7×13×8.3

필름카메라와 디지털카메라로 소장자가
황학동 벼룩시장에서 직접 구매한 자료들이다.
KOBICA시리즈는 한국 기술로 생산한 최초의 카메라이다.

오늘날,

황학동
벼룩시장

Hwanghak-dong Flea Market Today

벼룩시장은 특정한 구매 상품을 정하고 간다기보다
발품을 팔아 눈으로 확인하고 느끼던 중 마음에 드는 물건을
주머니 사정이 허락하는 만큼 지불하는 것이 일반적이다.
'중고품'을 사고판다는 것은 그 물건이 간직한 어제의 흔적과
오늘의 효용과 내일의 가치를 동시에 사고파는 의미가 있다.
청계천변 황학동에서 번성했던 벼룩시장은
청계천복원사업 이후 부침浮沈을 겪었지만,
동묘와 서울풍물시장까지 확대되어 상인들과 소비자에게
한국의 대표적인 벼룩시장, 기회의 공간으로 여전히 남아있다.

Flea market visitors usually do not have any specific item to buy, but rather look around the market to see if there is anything interesting, then buy within their budget. Buying and selling "used items" means buying and selling the item's traces of where it was yesterday, its utility today, and its value tomorrow. The flea market that prospered in Hwanghak-dong near Cheonggyecheon stream experienced ebbs and flows after the Cheonggyecheon restoration project began in 2003. But it survived and expanded to nearby *Dongmyo* shrine and *Seoul folk flea market*, maintaining its reputation as Korea's most well-known flea market - a space of opportunity for merchants and consumers alike.

황학동 풍경

2005년 | 이희재

이희재(1952년생)는 당대 최고의 만화가였던
김종래의 문하생으로 입문하여 1981년『명인』으로 데뷔하였다.
그는 바른 생각과 행동이 바른 만화를 그릴 수 있다고 믿는다.
그의 작품은 소외되고 낮은 풍경을 따뜻하게 묘사하면서도 날카로운 시선으로 사회를 비판한다.
「황학동 풍경」에서는 거리에 숨어 있는 유명 인사들을 찾아보는 재미를 선사한다.

청계천변
황학동 풍경—
이천오년 팔월
이호재 그리다
이호재

나의 황학동 벼룩시장

송기화 42세 회사원, 황학동 출생 및 거주

Q. 황학동에 구체적으로 어디에 사셨나요?

A. 어렸을 때는 황학동 3·1아파트 16동에서 살았고, 지금도 황학동에서 살고 있습니다. 특히 겨울에는 난로를 켜고 두꺼운 이불을 덮어도 추웠던 것이 기억에 남습니다. 아버지가 통장을 맡으셔서 동네사람들이 집에 자주 방문했습니다.

Q. 황학동에서 기억나는 어린 시절의 에피소드 및 추억이 있나요?

A. 예전에는 동네사람들을 다 잘 알고 지내서 아이들도 서로 맡기고 아파트의 복도에서 전이나 김치 등 음식도 같이 해서 나눠 먹곤 했습니다. 그리고 지금은 잘 보이지 않지만 곤달걀이라고 해서 병아리 부화 직전의 달걀도 있었어요.

Q. 학창시절 황학동 벼룩시장에 대한 풍경은 어떠했으며, 기억나는 가게나 노점이 있나요?

A. 초등학교와 중학교 시절 지금도 있는 돌레코드에서 좋아하는 음악을 골라서 얘기하면 편집해서 테이프로 살 수 있었던 기억이 납니다. 그리고 길을 오가다 사람들이 모여서 구경하는 노점이 있으면 예를 들어 마늘 까는 도구라든지 신기한 물건들을 같이 서서 구경했습니다.

Q. 주로 황학동 벼룩시장을 오가며 이용하던 사람들의 연령대나 인상은 어떠했나요?

A. 특정한 연령대보다는 다양한 세대로 구성되어 있었습니다.
다들 무심한 듯 바쁘게 오갔던 시장 사람들의 풍경이었어요.

Q. 실제 벼룩시장에서 물건을 사보신 경험이 있나요? 사보셨다면 언제 어떤 물건일까요?

A. 중학생 시절 수집을 취미로 삼았던 때에
1983년 1회 주택복권을 사서 무척 기뻤습니다.
그리고 황학동 벼룩시장으로 나가기만 하면
우표와 예전 화폐도 많아 취미생활이 더욱 즐거웠습니다.

Q. 요즘에도 벼룩시장을 이용하시나요?

A. 특별히 물건을 사러 간다기보다는 친구들과
학창시절 즐겨 먹었던 곱창과 고기튀김이 생각나면
지금도 벼룩시장에서 만나곤 합니다.

청계천 벼룩시장 황학동

Cheonggyecheon Flea Market, Hwanghakdong

발행인

송인호 서울역사박물관장

발행일

2020년 4월

발행처

청계천박물관

04704 서울특별시 성동구 청계천로 530

T 02 2286 3410

http://museum.seoul.go.kr/cgcm/index.do

행정간행물 등록번호 51-6110569-000283-01

ISBN 979-11-90480-13-0(03910)

값 12,000원

03910

9 791190 480130

ISBN 979-11-90480-13-0